사람을 찾습니다

최동훈 지음

어느 시골 철학자의 작은 시집

공간

사람을
찾습니다

목차

1부

인생 · 9
人木 · 10
굼벵이 · 12
다다 · 13
새해 · 14
삼사 · 15
염궁(念弓) · 16
겨울폐교 · 18
노스트라다무스 · 19
괴물 · 21
소나기 · 22
평균율 · 23
오바로끄 · 24
병살 부부 · 26
홈런 부부 · 27
제자리 · 28
간밤 · 29
술맛 · 30
그러지는 마시기를 · 31
가장 더러운 일에 종사하는 선량들 · 32
허상 · 33
뿌스러끼 · 35
봄날 · 36
나의 원로이신 대선배님들께 · 38
정의(JUSTICE)? · 40
믿음의 문제 · 43
공업(共業) · 44

목차

2부

소녀의 기도 · 49
엄마의 소금 · 52
하지불안증 · 53
기종이 삼촌 · 55
마구니 · 58
영선암 꽃밭 · 59
백설공주 · 60
핑계 · 61
산악회 · 62
삼판삼승 · 63
뜸 · 65
맹길이 · 67
엿 · 71
선문답(禪問答) · 72
세이(洗耳) · 73
시간을 파는 남자 · 74
화객(畫客) · 77
신안 간재미 · 78
추야 · 79
마이업 · 81
BOLTO-W 325 · 82

3부

Moon의 門 · 87
유랑남녀 · 90
사랑의 문제 2 · 92
소나기 사랑 · 93
이런 미련 곰탱이 · 94
실연 · 95
툭 하면 · 96
톡 하면 · 97
권유 · 98
하얀 밤 · 99
사랑별곡 · 100
사람을 찾습니다 2 · 101
메리 크리스마스 · 105
아밀라제 · 107
바다까사랑 · 109
봄 내 사 랑 · 110
상호존중 · 113
동치미 국물맛 · 114
죽이는 사랑 · 115

4부

봄노래 · 119
복꽃 · 120
생명의 목적 · 121
봄내 · 122
강원도 달래 · 125
봄따지기 · 126
술 · 128
비나이다 · 129
국물이 좋다 · 131
덤 · 132
현재라 해서 · 134
먼 산 · 135
시선(視善) · 137
나이테 · 139
도반 · 140
반만이라도 · 142
미키 17777 · 143
봉정암 가는 길 · 144
혼픔 1 · 146
혼픔 2 · 148
운명 · 149
순둔 · 151
적정(寂靜) · 153
도(道) · 154
인생이라는 이름의 기차 · 156

사람을 찾습니다

1부

인생

인생은 참으로 가벼웠으니
빈 손이 그것을 말해 주네

人木

사람도 나무처럼
종아리를 땅에 묻고
한자리에 붙박여 있다 보면
발바닥과 발등으로 뿌리가 불거지고
다리와 팔에서 줄기가 솟고
파란 새싹 돋을 수 있을까
발가락에서 갈라진 열 가닥 촉수로
어둡고 단단한 흙 속 더듬으며
수분과 양분을 빨아들여 갈증과 허기 달래고
등으로 목으로 이마로 뿔처럼 튀어나온
가지마다 잎 가득 태양의 빛으로 빛나는
새로운 환생의 떨림
마침내 정수리마저 우듬지로 변해
불꽃의 형상을 닮은
꼭두머리 하늘로 뻗쳐오르고
바람이 불 때면 모든 이파리 흔들어
몸에 붙어있는 찌꺼기 부스러기
낱낱이 털어버릴 수 있을까
의식에 달라붙은 언어의 살점마저
한 꺼풀 한 꺼풀 뜯어내
실오라기 하나 없는 맨살에

보굿이 나무로 설 수 있을까
수북이 떨어지는 눈째 맞으며
들판에 홀로 서서 겨울을 맞을 수 있을까

굼벵이

계절은 일러
벌써 싹을 틔우는데
잡으려 했건만
놀라서 달아나는 꿈처럼
여전히 내 생의 끝자락에서
깨지도 못하고
늦잠 타령이나 하는 건 아닐런지
꾸지람이나 묻히며
굼벵이처럼 꾸물대는 건 아닐런지

다다

사람은
살다 간다

사는 동안
사람과
사건과
사물에
대해 말하고
사람과
사건과
사물로
인해 행동한다

사람은
이걸로 하루를 보내고
이걸로 평생을 보낸다

사람은
이게
다다

새해

새벽산 오르다
바다 위로 떠오르는 해를 보는데
새해라더군

삼사

―일옥샘께

알이 깨어나기도 전에
꽃이 피어나기도 전에
사람의 눈이나 눈썰미와 달리
사건은 시작도 하지 않았는데
사물의 뒷전을 보는 것일까요

박사님 차는 한 번도 안 서서 느린 것 같더니만
버스는 가다 서다를 반복해서 빠른 것 같더군요

염궁(念弓)

깔짝거릴람 머리나 까까, 이놈아
시시허겔랑 시를 쓰냐
도도하겔랑 도를 닦지
시란 가짜여
생각마저 버려야 할 판에
죽은 단어나 쪼고 있으니, 시답짠 놈
그랬음 힘이 빠져 떨어지거나
젖 빨던 힘을 내 올라가야지
땅거미새끼마냥 대롱대롱
매달려만 있음 어쩌쟈냐
강을 건너면 뗏목을 버리랬다고
어느 천치 각시가
말쓰레기뿐인 놈팽이랑 살겠다냐
그럼 시인은 떨어질 팔잡니까
시를 버리지 못함 떨어질 게고
시를 버리면 올라갈 게지
올라가면 뭐가 있는죠
말이 필요 없는 대명천지가 펼쳐있을 테니
더 이상 굴러떨어질 염려는 없을 게다
그리고 또 뭐가 있는죠
그건 니 놈이 올라가 뒤져보거라

설마 뒤지는 건 아니겠죠

헐……무지란 눔

겨울폐교

―고성 구성분교를 거쳐 간
작은 천사(小使)들을 위하여

한때는 꽃밭 분교였던 폐교에서
화통 위로 뽀얀 연기 피어오르는
무쇠 난로에 장작을 지피며
그을린 기관실 불빛 아래 앉아
불그름히 얼굴 들어 바라보면
기차 바퀴 덜컹대는 유리창 밖으로
하나둘 떨어지는 하얀 눈꽃 사이로
책갈피처럼 스쳐 지나가는 지난날들
눈이 매운 건 희나리 탓일 뿐
지금은 잠시 쉬는 거라고
다시 철마를 몰고
하얀 기적 울리며
설원을 질주하기 위해
지금은 잠시 멈춘 거라고
길이 보이지 않아도
가야 하는 길이기에
가다 넘어져도 일어나
다시 가야 하는 길이기에
산다는 것은 자신과의 경주이기에
자신이 출발역이자
종착역이기에

노스트라다무스

고슴도치털마냥 지상을 뒤덮은 굴뚝들은
뿌연 포연을 내뿜고
포탄에 그을린 구름 너머
새까맣게 하늘이 타들어 가는 소리
이제는 거의 추락해 찾아보기 힘든 별 몇 개
눈먼 어둠을 헤맬 뿐

비도 오지 않는 거리를
사람들은 핵우산을 쓰고 다니다
가끔은 생각이 난 듯
고개 돌려 과거를 바라본다
봐두어야 할 필요가 있다
다시 보지 못할 날이
내일일 수도 있기에

하루에도 수백 종, 수백만 동물의 머리가
몸뚱어리로부터 잘려나가고
배를 채운 인간들이 게워내는 트림과
매캐한 배기가스의 온실 속으로
누렇게 울려 퍼지는 황색경보
뚜껑을 열어 뜨거운 김이 걷히기 전까지

무엇이 최후의 음식이 될지는 아무도 모른다

프레온과 보일러의 시대여,
무거운 체중과 뜨거운 체온으로
남극과 북극을 누르고 녹여
세상을 바다로 뒤덮으리니
마침내 종교의 말씀이 거꾸로 성취되도다
제일 높은 언덕을 찾아 십자가를 옮겨야 하리

지구,
이곳에서는 유일하게
쓰레기를 배출하는 종을
만물의 영장이라 부른다
그들이 하는 짓이라고는
공룡이 밟고 다니던 땅에
금을 긋고 국가라 부르며
큰 것이나 작은 것이나
내 땅 네 땅 우기다
싸우고 죽이는 게 일이다
그것도 모자라 천국을 입에 올리니
그곳도 곧 투기로 오염되리니

메마른 곳
동물의 정보다
사람의 정이 메마른 곳
누구나 다 비정상이기에
비정상이라야 정상인 곳

괴물

고물은 고물이고
고물을 쏟아내는
인간은 괴물이다

소나기

소나기 지나간 산천초목은
비듬 먼지 다 씻겨 가뿐한 것이
십 년은 젊어진 기분이다
삼복 찌는 무더위에
꽃도 피자면 땀이 맺힐 일이요
나무도 자라자면 땀 꽤나 흘릴 일이다
그리하여 벌 나비 찾아들고
열매 열리는 것이니
수고들 하네
얼룩진 땀들 씻으라
하늘도 한바탕 시원스레 뿌려주는 것이다
우산 뒤집어쓴 인간들만 빼고

평균율

그 속도로 달려갔던 사람은 접니다
평균 속도를 유지했던 것은 아니고
모든걸 뭉뚱그려 평균이 됐던 거죠
그바람에 저 역시 피해자가 아닐지
물론 천재나 천치가될 마음은 아예
그러니 제게 벌을 내릴수는 있어도
저의 운명까지 책임지라 하기엔 좀
어이쿠, 저의 운명이 벌이었던가요?

오바로끄

세월 앞에서는
귀신 소복도
여벌이 있어야 할 터
즐겨 입던 옷이 늙어
미주알이 빠지자
자크가 걸리는 바람에
전문 부속상에 수선을 맡겨
잘 입고 다니나 했더니
다시 탈선을 하는 바람에
기분도 꾸깃꾸깃
아싸리 버릴 거
아작을 내든지
아귀를 맞춰보자고
미주알을 쥐덫처럼 물고 있는
꺽쇠의 네 송곳니를 벌려서 뺀 다음
레일의 시발역과 종착역을
잘 맞춰서 꺽쇠를 다시 박아
한 땀 한 땀
오바로끄로 마무리하고 나니
어라, 기차가 제대로 오르락내리락
철로 위를 쏜살같이 미끄러지는 게 아닌가

헐, 이게 웬일
어머니 뱃속에서 세상 밖으로
머리를 내밀 때처럼
내가 삶을 꿰어맞춘 것인지
삶이 나를 꿰어맞춘 것인지
모쪼록 므흣하다

병살 부부

너 없이는 도저히 못 산다고 하다
너 때문에 도저히 못 산다는 부부

홈런 부부

서로가 서로를 잘 맞춰줘서
척척 맞추다 보니 얼굴까지
맞췄다는 소리를 듣는 부부

제자리

개똥지빠귀가 지저대는 여름 아침
뻐꾸기가 탁란을 하고 있는 건 아닌지
딸아이를 유치원 차에 실려보내며
입으로는 뽀뽀 손으로는 하트
집으로 들어와 아내가 훌러덩
벗고 간 옷들을 제자리에 걸다
제자리란 뭘까
제자리가 제자릴까
뻐꾸기 알이 뻐꾸기 집이 아니라
개똥지빠귀 집에서 발견되는
제자리에 관한 복잡다단한 퍼즐
들기름과 열무와 고추장으로 점심을 비벼 먹고
낮이 한가로워 낮잠을 자다
세상은 잘 돌아가는지
강물따라 둑길을 달려
개버찌나무 그늘에 헐떡거리는 자전거를 쉬게 한 뒤
동산에 오르자
단골 벤치에는 이미 낯선 임자가 누워
흰구름 두둥실 떠가는 하늘을 향해
숨비소리 같은 휘파람을 부는데
가만히 선율을 들어보건대
저이는 제자리를 찾은 게로구나

간밤

― 한양 사는 병이형께

삶은 달처럼 머물다가도
닭처럼 놀라 튈 때면
미처 잡을 수가 없어
차라리 저 허공으로
마음을 던져 보든지
그러다 발을 헛디뎌
풍덩 뒤로 자빠지면
빨강코가 되는 재미
새앙쥐가 되는 재미
탈탈탈 털고 나서
다 털리고 나서
이젠 빈털터린 줄 알았는데
그런데도 무언가
가슴 한구석에 얼큰히 남았네요
형님 것인가?
그렇다면 찾아가시든지
잘 다독여 둘 테니
잘 도닥여 둘 테니

술맛

술이 달면 인생의 단맛
술이 쓰면 인생의 쓴맛

그러지는 마시기를

여성이여,
그대의 여성이 만족스럽지 못하더라도
그대의 모성을 내버려두지는 마시기를

남성이여,
그대의 남성이 만족스럽지 못하더라도
그대의 인성을 내팽개치지는 마시기를

가장 더러운 일에 종사하는 선량들

권력 갖고 정치하라 하면
정치할 사람 만놈도 넘다
양심 갖고 정치하라 하면
정치할 사람 한놈도 없다

허상

헛된 일 중 하나는
헛된 삶을 살아가면서
그 위에다 또
헛된 상을 얹히는 것이다
시각적으로
청각적으로
후각적으로
미각적으로
촉각적으로
그리고
생각적으로
우리는 늘 헛된 상
거짓된 이미지에 놀아난다
남의 말 한마디에
만난 적도 없는 사람에 대해
겪은 적도 없는 사건에 대해
듣본 적도 없는 사물에 대해
자기만의 조작된 상을 갖는다
갖고만 있으면 그나마 다행인데
거짓된 이미지를 망나니 칼처럼 휘두르며
판단하고 재단하고 아니면 말고 식이다

상을 버려야 하건만
상을 버려야겠다는 것도
상을 버렸다는 것도
또 하나의 상이니
결국은 상에 갇혀 살아갈밖에
거참

뿌스러기

부스러기나 주워 먹는 뿌스러끼들은
자기가 뿌스러끼라는 걸 모르는 거야
그걸 알면 부스러기를 주워 먹겠어
권력의 부스러기를 주워 먹는 권력의 뿌스러끼들
뇌물의 부스러기를 주워 먹는 뇌물의 뿌스러끼들
주색의 부스러기를 주워 먹는 주색의 뿌스러끼들
이익이 되는 거면 뭐든 다 주워 먹는 뿌스러끼들
세상에 도움 될 리 없는 부스럼 같은 뿌스러끼들
쓰레받기에 싹싹 쓸어 담아
쓰레기통에 싹 다 버려야 하는
에이, 뿌스러끼들

봄날

이 화창한 봄날,

나는 대한민국의 국민이고
대한민국의 주권은 국민에게 있다는
뭔 희한한 소리
지 골리면
바이든도 날리고
계엄도 날리고
국민도 날리는 판에
개처럼 짖어대다
벌처럼 쏘아대다
뿔처럼 돋아대다
정 맞지 말고
야구빵맹이로 흠씬 두들겨 맞지 말고
서빙고로 끌려가 죽을 얼음 되지 말고
살얼음처럼 살까
한들한들 일찍 핀 매화나 바라보며
흔들흔들 꽃바람에 흥이나 맞춰가며
논외이거나 장외인 척
눈은 떴으나 장님인 척
설렁설렁 벼루에 목검이나 갈며

슬렁슬렁 묵향에 술 한 잔 치며
봄나비가 되어 날개나 슬슬 벼리며

나의 원로이신 대선배님들께

한 나라의 대통령이라는 인간은 내란을 일으키다
탄핵으로 쳐박히고
한 나라의 대통령대행이란 인간은 내란을 방관하다
줄탄핵으로 쳐박히고
오늘 아침에는 비행기까지 어찌 이런 일까지
하 어수선해 하 심란해
몇 군데 전화를 드려도, 안 받네
수취 거절인지 수취 부재인지 숙취 중인지
하다 하다 지 성화에 지 열에 받쳐 내지른 똥탕까지
겪다 겪다 입법 사법 다 쳐먹겠다 저지른 쿠데탕까지
살다 살다 국가 국민 다 잡아먹겠다 질러버린 계엄탕까지
다 보셨으니 다 지켜보고 계셨으니
입이 쓰거워 입틀막들을 하셨을까
귀가 따가워 귀틀막들을 하셨을까
집안 망신이라는 게 이런 걸까
나라 망조라는 게 이런 걸까
흐리멍텅한 법꾸라지 한 마리가 다 흐려 놓은 나라
덜떨어진 미개미 한 마리가 다 떨어뜨린 국가 신용
오늘 아침에는 비행기까지, 어쩌자구 이런 일까지
하 어수선해 하 심란해
전화 오겠지 기다려도, 안 오네

왠지 먹먹한 것이 뭔지 막막한 것이
사고무친이라는 게 이런 걸까
어른이 없다는 게 이런 걸까
곁이 없다는 게 이런 걸까

정의(JUSTICE)?

객관적이고 합리적인 근거에 의해
옳고 그름을 따진다 그렇게 해서
객관적이고 합리적인 결론을 도출한다
사회와 개인의 정의가 구현되는 것이다
이러면 얼마나 좋겠나
이 과정에
이 사이에
이 틈새에
좋고 싫음이 개입하면
상황은 완전히 딴판이 된다
사람들은 옳고 그름보다
좋고 싫음에 먼저 반응한다
먹이를 무는 파블로프의 개처럼 반응한다
개들은 먹잇감이 옳고 그른지 관심이 없다
좋으면 먹잇감이고 싫으면 먹잇감이 아닐 뿐이다
개만 못한 인간들도 똑같다
좋으면 옳고
싫으면 그르다
좋으면 무조건 옳고
싫으면 무조건 그르다
좋으면 글러도 옳고

싫으면 옳아도 그르다
좋으면 참이고
싫으면 거짓이다
좋으면 무조건 참이고
싫으면 무조건 거짓이다
좋으면 거짓도 참이고
싫으면 참도 거짓이다
좋으면 선이고
싫으면 악이다
좋으면 무조건 선이고
싫으면 무조건 악이다
좋으면 악도 선이고
싫으면 선도 악이다
정의를 정의로 보지 않고
정의를 지 잣대로 보려다 보니
정의를 지 멋대로 보려다 보니
눈알이 뒤집어지는 것이고
뒤집어진 눈알에다 색안경까지
쓰고 보는 것이다 그러고는
비정의를 정의라고 우겨댄다
부정의를 정의라고 들이댄다
정의를 구현하라고 협박한다
이것이 정의의 맨얼굴이다
이것이 정의의 현주소이다
이것이 정의의 꼬락서니다
JUSTICE 말 그대로 JUST ICE
정의라고 하는 딱 그때만 정의였다가

그다음은 녹아내려 본래의
본질과 가치를 잃고 마는
한 이빨에 불과한 얼음덩어리

믿음의 문제

믿음은 문제가 있다
믿음이 최고의 덕목인 종교에서조차
믿음과 소망과 사랑 중에
믿음이 제일에 들지 못하는 이유다
믿음의 문제만은 아니다
문제는
내 것은 무조건 믿고
남의 것은 무조건 안 믿는다는 데 있다
남의 것을 안 믿는 것까지도
문제 삼지 않을 수 있다
문제는
남의 것이라면 무조건
미워하고 배척하고 파괴까지 하려 든다는 사실이다
좋은 믿음과 나쁜 믿음의 차이다
좋은 믿음은 거짓을 믿지 않는다
나쁜 믿음은 거짓까지도 믿고 싶어 안달한다
좋은 믿음은 남에게 피해를 주지 않는다
나쁜 믿음은 남에게 피해를 주고 싶어 안달복달한다
거짓에 놀아나 망나니춤을 추는 것이다
믿음과 소망과 사랑 중에
믿음이 제일에 들지 못하는 이유다

공업(共業)

빛이 없는 어둠 속에서도
반드르르 윤기 흐르는 목탁머리에
먹장삼을 걸쳤으니 스님이리
먼 남쪽 외딴섬서 왔다는 할배스님
탁발 시주로 곡차를 받으셨나
떠나는 막차에 가까스리 올라
트럼펫 불듯 트림 한 번 길게 뽑더니
삼 년 묵은 묵언이 터진게라
추적추적 차창 밖 초야(初夜)에 비는 오는데
빗길따라 물길따라
춘천서 속초 가는 내내
법수에 담금질한 쇠꼬챙이처럼
철야염불에도 꼬부라지지 않던 혀가
설검 휘두르자 침까지 튀겨가며
그네 하나 가꼬도 개판이언데
쌍그네를 뛰니 깽판인기라
앞뒤 앉은 승객들 하나둘 빈자리로 뜨고
뜨내기 객승의 뜬소리 듣는 이 하나 없어도
냅다 등받이를 젖히니 법석에 뜬 기분인가
쫓겨났으이 진 거 아이가 긴데도 이겼다이
그런 꼴통에게 맡껬께 나랏꼴도 꼴통인기라

건데 어찌겠나 니들이 뽑았시이 공업이제 공업
공업인지 농업인지 쇠귀에 경 읽기맨치로
승객들은 눈 감고 지수굿 참선 중
그래도 환갑을 넘긴 법랍이라
자력으로 악다귀를 내치셨나
갑자스런 정적에 모두 쫑긋
귀를 세우다 불안이 가시자
간만에 들리는 차바퀴 소리 자장가 삼아
이제들 졸음 삼매에 들려는 찰나
화들짝, 말고삐를 놓칠세라
손아귀로 죄 없는 어둠의 멱살까지 잡아채며
나라가 치맛빠람에 섭쓸려 헤까닥 뒤집힐 파이니
나까정 나서서 임꺽정 아이가
아, 지미지미 사바하 도로도로 사바하
이판사판 아사리판에 육두법문이라도 튀나올까
보살들 조마조마 좁쌀들 투덜투덜
업장을 실은 버스는 이리 덜컹 저리 덜컹
공업에 낚인 승객은 이리 흔들 저리 흔들

사람을 찾습니다 ———

소녀의 기도

소녀의 손은 벙어리였어요
부카레스트의 뒷골목에서 성냥불을 쬐다 온 빨간 손
시계망치로 톡톡 두드리면 똑똑 부러질 것 같은 손가락
여기가 로마죠?
지구가 둥글다는 것은 그나마 위로가 된다
이 이국의 소녀와 나는 어느 조상에서 하나가 될까
유전학적 동체대비를 적선에 대입하는 것은 작위다
쨍그랑 빙판 같은 그녀의 손바닥 위에서 스핀처럼 돌아가는 금화 한 닢
탄생의 각도가 1미리만 달랐어도 공주는 거지 거지는 공주
탄생의 각도? 136억 년 전
공간의 각도가 1미리만 달랐어도 세상은 지금이 아니다
아무리 열심히 육분의를 들여다보며
탄생과 죽음, 별과 별을 이어본들
선과 악, 죄와 벌, 천국과 지옥은
심판의 손안에서 놀아나게 되어 있네요
그러니 심판들이여, 제발 손은 자주 씻기를
오르골로 만든 사형수를 본 적이 있어요
사형수는 올가미 속에서 멋진 원을 그리며 돌아가죠
박수갈채처럼 사방으로 튀어오르는 죽음의 세레모니
왜 네모나 세모 피짜는 없을까? 있죠.

모든 모랄은 일단은 가능성에서 출발한다
있다는 가능성? 없다는 가능성?
시간의 태엽을 뒤로 돌리거나 길을 바꾸는 것은
신들의 역할이 아니다
신에 필적할 수 있는 인물, 쥬페토
그는 겸손하기까지 하다 자기 아들 하나만을 창조했으니
안개꽃처럼 피어오르는 뽀얀 새벽
나는 일행의 배웅을 나갔다가
일행 중 한 여인과 동행을 하는 여행이 되고 말았다
고성(古城)의 주인이라고 자기를 소개한 여인은
깊숙이 송곳니를 박고 싶은 하얀 목덜미를 가졌다
그녀의 치골에서는 향긋한 치약 냄새가 났어요.
내가 써본 적 없는
고르길리의 페퍼민트 단내 가득한
워터민트와 스피어민트의 교잡종
오, 이런 미안. 자제심을 잃게 되네요.
기품이 넘치는 교성을 두 눈으로 만끽하는 기쁨
찻집 충전기를 한 시간 째 독점하고 있는 남미 여인은
자기 명령을 제대로 따르지 않는 폰카에게 성이 났는지
엄지손가락 두 개를 악마의 뿔처럼 치켜세우며 눈에 불을 켠다
엄지와 나머지 손가락이 닿을 수 있는
인간은 위대하다고 가르친 생물 선생이 있었다
피노키오는 그게 됐을까
그 목각 인간은 지금 어떻게 됐을까
골로 갔을까 골로 간다는 게 적절한 표현일까
골 자가 들어간 앞말잇기
골룸, 골짜기, 골방, 골동품, 골병, 골밀도, 골치, 곤란, 땡!

골란고원! 땡!땡!
골로세움, 땡!땡!땡!
내 캐리어가 로마 공항에 있다는 연락이 왔다
나는 소녀에게 루테니아를 위해 기도해줄 수 있냐고 물었다
소녀는 고개를 까닥였다
이 이국의 소녀와 나는 어느 후손에서 하나가 될까
탑승 수속을 밟기 전 마지막으로 뒤를 돌아보았다
소녀는 벙어리 손을 모아 기도를 올리고 있었다

엄마의 소금

엄마의 손끝에서
눈가루처럼 뿌려지는 소금을
눈맛 다시다 보면
모든 걸
다 받아주는
바다이기에
가진 모든 걸
다 비워주는
바다이기에
그 맘
하얗다는 걸
그 맘
엄마라는 걸

하지불안증

빈 드럼통처럼 텅 빈 가슴
플래시가 터진 듯 하얀 뇌에선
아무 생각도 나지 않아요
톱이 진 두개골의 벌어진 틈으로
기억마저 몽땅 새버린 느낌이죠
처음엔 이유를 몰랐어요
아름다운 기부 천사의 뉴스를 보며
……가슴에……손을 얹는데
갈퀴가 허공을 긁는 것처럼
마음이 사라지고 없는 거예요
가슴을 더듬어 보고 헤집어 봐도
손뼈만 앙상하게 남은 겨울나무랄까
텅 빈 채 떠다니는 해파리 같은 내 가슴

빈 몸으로 달랑 손가방과 딸 하나 데리고
파란 바다 밟으며 걸어갔어요
검은 해연 지날 때는 둘이 꼬옥 붙잡고
바다를 뒤엎는 폭풍 속에서는 둘이 꼬옥 부둥키고
아바나의 해안가에 닿던 날은 파란 그믐이었요
발바닥은 온통 부르트고 꽃신은 잃어버려 맨발이었죠
올라? 아우실리오?

카리브해를 가득 메운 해무 속에서 헤맸던 날들
낯선 곳에서의 새로운 시작은 러시아 룰렛과도 같았어요
운에 맡길 수밖에 없는 경우가 여섯에 다섯은 될까?

달빛을 머금은 채 반짝이던 밤바다
해안가의 야자수 나무 사이에서 흔들리던 해먹
그런 것들이 가끔은 꿈으로 들어와요
꿈이 더 풍성해졌냐고요?
그럴지도 모르죠
하지만 너무 먼 길을 갔다 온 탓에
휘영청 하얀 엉덩이를 드러낸 달님이
월경을 하는 밤이면
떨리는 다리 사이로 밤새
이국의 피를 한 움큼 쏟아내며 뒤척여요

신은 맨발일까
신은 신을 신었을까
무슨 신을 신었을까
잠을 설쳐요

기종이 삼촌

―기종이를 위해

나이도 동갑인 기종이는
초등학교 때부터 우리들의
삼촌 행세를 할 정도로
얼굴은 늙수그레한 데다
목소리는 걸걸하고
덩치는 어른 뺨쳐
친구들이 중학생한테 맞고라도 오면
애들은 기종이를 앞세워
중학생을 찾아가 그런다
삼촌! 때린 사람이 바로 쟤래요.
그러면 기종이
얌, 마! 너 이리 와봐.
왜 애들 때리고 그래.
그러고는 솥뚜껑만한 손으로
중학생의 머리통을 갈기는데 철썩
파도가 방파제를 때리는 소리가 난다
친구들 다 중학교 교복 입을 때
어성전 마름집에 가 일한 걸
지 입으로는 머슴살이 했다고
니들처럼 서울에 있는 대학 시시해서
지 말로는 하바대 출신이라고

용산에서 한 때 잘 나갈 때는
지한테 니가 가라 하와이도 머릴 숙였다고
군대에서 휴가 나온 친구눔들 다
지 덕에 재미 좀 봤다고
우리들이 돈맛도 모르던 철부지 시절
기계를 다루다 뭉퉁 잘라 먹었다는 오른손 약지 첫마디
당장이라도 응축된 세월이 그 손가락을 뚫고
비명을 질러 댈 것 같은데
아니야, 그게 아니라고.
여자 치맛속에 함부로 손 넣다 잘린 거라니.
남은 손가락마저 안 잘리려면 이젠 손 빼야지.
누가 시답잖은 농담이라도 하면 열은커녕
너름새를 써 가며 받아치기를
그건 감질이고. 그래서 진짜가 있는 거라.
니들 같은 초짜들이 뭘 알간?
고향에 돌아와서는 음향기기를 다루다
지역 연극계의 후원자로 군림하기도 하고
투전판에서는 선배들에게까지 존댓말을 받다
들통이 나 곤욕을 치르기도 하고
놀기에는 남한 땅이 좁았는지 중국까지 드나들며
연변 인사들과 안면을 튼다 뭐 한다
장뇌삼을 긁어모으더니 어느덧 한양에서
장뇌꽃 같이 하얀 재취감을 구했다는 소식도 들린다
어릴 때 그 시절이라면
이제는 제 나이로 볼 때도 됐건만
늘 나이보다 십 년은 늙게 살아야 하는 기종이 삼춘
험한 세상에 다리가 되고 싶다고

호는 대교(大橋)요
한 송이 들꽃으로 봐 달라는데
꽃은 좀 그렇고
그래, 늘 꽃보다 할배이기를

마구니

거무니 남 거머 보이고
모나니 남 모나 보인다
구리니 남 구려 보이고
미우니 남 미워 보인다
자기 그런 줄 모르고
남 그런다 그러고
남에 티 보면서
제 들보 보지 못해
어둑서니같이 늘 뒤통수에 모여
없는 말 맞추며
두 말 서 말 해코지를 즐기는 이들
아주 오랜 옛날부터
넓고 푸른 세상은
이들을 마구니라 부른다

영선암 꽃밭

쉿!

영선암 꽃밭에는
쉿들이 산다
가보면 안다

백설공주

−친구 효현에게

"여기 눈 온다."

공주에서 선생하는 친구
아침부터 전화질을 해서
나를 자기의 과거로 끌어들이는데

그래,
너는 지금 교실 창가에 물끄러미 서서
운동장 위로 설기 가루처럼 쏟아지고 있는
눈을 바라보는 것이고
너와 전화를 끊으면서부터
나는 책방 창가에 우두커니 서서
창문 너머로 시루처럼 텅 빈
허공을 바라보는 것인데

그래,
공주에 눈이 오는구나
하얀 공주답게
하얗게

핑계

− 친구 종철에게

이번 여행을 마치고
이번 여행을 마친 기념으로
바로 집으로는 아니 들고
이제는 없어진 제일극장 뒤 한 때는
팔도강산 횟집으로 떴던
포구의 11번가 횟집에 들렀다
농협친구에게 기행 보고를 하겠다는 건 핑계고
농협친구에게 능인스님이 주신
참선법 책자를 선물하겠다는 건 핑계고
에두르나 엇지르나
삶은 죽음의 핑계고
죽음은 삶의 핑계고
그러니 세상은 핑계거리고
그 핑계에 친구와 술 한 잔 한다면
그처럼 즐거운 일이 어디 있겠나
그와는 술을 낯을 안 가리니까
그와는 술을 날을 안 세우니까
그와는 술을 난을 치듯 하니까

산악회

산악회는 산을 좋아하는데
산은 산악회를 좋아할까?

삼판삼승

지나가는 겨울 포항에서
꽈메기 한 번 먹어보겠다
구룡포에 들렀다
꽹가리 같은 난전판에 질려
멍게 개불 전복 소라를
해물로 채운 접시 밑에
고조곤히 인조풀을 데코로 깐
호미곶 세상 어딘가 맨끝
대박이라는 이름의 포차에서
어둠에 끊긴 검은 바다를 바라보는 척
검은 바다가 어둠에 끊긴 게 화두인 척
어젯밤 맛이 간 반야탕을
오늘밤 홀로 치는 것은
덕머, 선머, 정머 하시는
세 분 스님을 삼보로 모시면서
절을 올리지 않은 불례를 범했으니
유망전도하신 세 스님의 법명을
반쪽자리 실명으로 만들어
신발 한짝 머리에 올렸으니
그러면서 제 살을 꼬집다
그러다가 제 삶을 꾸짓다

정말이다 정중히 여쭈었건데
이판 스님이십니까 사판 스님이십니까
⋮
우린 삼판입니다

뜸

감나무 그늘 아래 누워 뜸을 뜬다
뜸기 안에 갇혀 있다
탈출에 성공한 연기들이
세발 낙지 같은
다리를 하늘거리며
하늘로 올라간다
뭉게뭉게 피어오르는 구름의 거인
마술램프를 손에 쥐면
무슨 소원을 빌까
소원 따위 필요 없는 세상을 빌까
양귀비 쑥향기 나른하다
이렇게 가만히 누워
뜸을 뜨다 보면
바빠 뛰다니는 거야 나지
시간은 빠를 것도 느릴 것도 없다
탓을 할 게 뭐람
삶의 중심을 생활에 두지 못하고 사니
살림은 차지 못하고 발걸음은 처지게 마련
생각은 헛다리를 짚느라
떨감처럼 익지를 못하고
누워 입이나 벌리고 있는 꼴이다

그래도 가끔은
시체놀이 하듯
이렇게 가만히 뻗어
뜸을 뜨다 보면
뱃구레가 따따해 오는 것이
나 같은 것에게도
신원을 알 수 없는
온정의 손길이 미치는 것 같아
기분은 달고
마음은 둥둥

맹길이

            −우택, 건식 그리고 명길이에게

경남 합천의 가야를 가서
연구원 출신 마누라랑 농사짓겠다고
시골로 들어와 쇠똥처럼 새까맣게 탄
우택이네 마당에 자리를 펴고 반갑다
대낮부터 막걸리 막사발을 돌리는데
어디 명절날 친척집이라도 방문한 모양새라
케이스에다 끈까지 묶은 청주 대병 들고
삼가에서 숭산까지 오만 원 되는 길을
팁까지 만 원을 얹혀
택시로 한달음에 달려왔단다
벌써 한 잔을 걸치셨나
빨갛게 놀랜 토끼눈에
버섯나라 스머프에 등장하는
가가멜 같은 코하며
빡빡 깎은 머리
쫄띠와 반바지
첫눈에 변복을 하고
해인사에서 가출한
돌중인 줄 알았는데
돌중이 아니라 돌아인기라.
연금 탈 자격이 되자 선생 그만하고

귀농했다는 건식이 거든다 그래
후배네 마당에 길손하고 친구들 모였대서
선물로 사 온 술이냐니
어림 반 푼어치도 없는 소리
내 마실라꼬 쌰온 슐인기라.
그러면서 안주인에게 잔을 내오라카는데
술상에 놓인 막사발이 지가 구운 건지도
감별을 못하다 맞다며 자랑이다
어쩐지 질박한 것이 술맛이 좋더라니
솜씨 좋은 도예는 취미요 본업은
무농약 농산물을 판매하는
'꿈꾸는 사람들'의 대표 박맹길이
자기도 무항생제 방사 유정란을 상품으로
내놓고 있다며 쇼핑몰 소개에 열을 올린다
미대를 그만두고 일찌감치 농민운동에 뛰어든
내공이 만만치 않아 보이기는 한데
서부 갱남 출신을 자부하며 내뱉는 말이
가락국말인지 가락국시말인지 도통 알아들을 수가 있어야지
부산 출신 우택이도 맹길이 앞에서는 가끔씩 귀가 머는지라
자기가 사는 삼가를 상가라지 않나
스물을 쉬물이라지 않나
도대체 가야가 살아 있대도
갱상도 말이 표준어가 될 수 없는 것이
뭔 말을 글로 옮길 수가 있어야지
그러면서 자기는 토끼띠래도 범띠랑은 말 놓고 지낸다며
건식이를 본보기로 내게도 그럴 판이라
고등학교 다닌 년도를 디보면

지나 나나 같은 해에 졸업했으니 뻔한 일을
맹꽁이 같은 맹길이
띠부터 디미니 북관 기질이 가만 있나
함경도 아바이 말을 써가며 형이라 하라니
소띠면 몰라도 범띠에겐 절대 응가 소리 못한단다
내가 똥인메? 응가게.
여선 행님을 응가라 하제. 참말로 기승도 안 한데이.
좌중에게 저건 또 뭔 말이냐니
기가 차다는 말이란다
주거니받거니 권커니잣거니
중간에 술이 오른 건식이
맹길이 집사람에게 전화하더니
제수여, 맹길이가 오늘 디뎌 임자 만났심더.
아니 아니 임자를 만난 건 나지
어디서 찰떡방구리 같은 인물딴지가 나타나
말귀 좀 알아먹는다 싶으면
이쟈 식언이 났네라며
칭찬 아닌 칭찬을 해대지 않나
맹자왈 맹길이왈
아생연후살타(我生然後殺他)를 연발하지 않나
그런 맹길이도 지가 지를 살리지 못해
덕석말이를 당한 안타깝고 안쓰러운 사연이 있었으니
갱상도 햇바닥은 대관절 무슨 햇바닥이관데
얌마, 너 이름 똑바로 발음 못해.
네! 이병 박·맹·길.
니 이름이 명길이지 왜 맹길이야. 따라 해 봐! 박·명·길.
네! 박·맹·길.

너 일부러 웃길려 그러지? 다시 해 봐, 샤꺄!
네! 이병 박·맹·기리.
패던 고참도 두 손 두 발 다 들게 하고는
마침내 지가 왕고가 돼서는 부대 내에서
팔도에 걸쳐 완전한 언어의 자유를 실현했다며
혼자서 청주 한 됫박을 다 비우고서야
빈 대병과 함께 모로 쓰러진 맹길이
친구들의 부축으로 우택이네 웃방으로 들자
옥시기 막걸리처럼 노랗게 물든 마당에는
함박이 넘는 웃음 찌꺼기와
맹길이 퍼주고 간 걸쭉한 갱상도 사투리만 수부룩
해인사 깃든 가야산 위로는
숫돌에 벼린 낫 같은 달 하나
곳간은 비었어도 갱상도 인심 참 넉넉타

엿

엿같다 할 때
엿을
엿장수가 파는
엿이라 생각하는 사람이 거진인데
엿같다 할 때
엿은
엿장수가 파는
엿이 아니라
남자의 좆같이
여자의 것을 가리키는
남사당패의 은어입니다
엿같다는 좆같다와 같은 비속어인 거죠
언어 정화가 아니라
쓰지 말자는 것이 아니라
이제 와 뭘 하자는 게 아니라
제대로 알고서 쓰자는 겁니다
언어는 살아 있는 역사니까요
모르고 사는 게 약일지 몰라도
아시다시피 지구는 돌잖아요

선문답(禪問答)

내가 하는 선처는
내가 하는 것이 아니라
사람이 하는 것이네

인성본선(人性本善)을 말함인가?

내가 하는 부처는
내가 하는 것이 아니라
사람이 하는 것이네

본래시불(本來是佛)을 말함인가?

세이(洗耳)

－후배 인선에게

마이산에 와서
개울가에 앉아
귀를 씻고
귓밥처럼 박혀 있는
악다구니 잘코사니
파내고 헹궈
개울물에 흘려보내고
저 아래
소를 끌고 나온 소부를 보며
깔깔깔 웃음 한 바가지 띄워보내고
나는 절대 말하지 않으리라
내가 귀를 씻었지만
귀가 나를 씻은 트릭을

시간을 파는 남자

막판에 둘만이 남자
술 한 잔 더 하자고
택시를 타고 이문동으로 갔다
옛날에 여자 젖가슴 술잔으로 인기를 끌던
에밀이라는 술집은 사라진 지 오래고
혀가 더 꼬부라진 이름으로 개명한
지하 맥주집으로 내려갔다
떼창으로 샹송을 부르는 듯한
젊은이들의 목소리와 웃음이
뽀얀 구름 사이를 떠다니고 있었다
로마식 건배를 흉내내며
생맥주를 몇 잔이나 마셨나
젊은이들 틈에서 늙수구레한 친구
하나가 우리 탁자로 걸어오더니
혹시 김교수님하고 같이 있는 분이
최선배님이 아니냐다
나는 바로 전 술집에다 두고 온 모자의 챙을
위로 쳐들었으면 좋았을 텐데 하는 생각을 하며
말을 거는 친구를 몽롱하게 쳐다봤다
어디서 많이 본 얼굴 순진한 미소 어눌한 말투
어, 어, 넌 오발탄이! 반갑다, 이 친구야!
하나도 안 변했네요.

사돈도. 다 그래. 몇 년 만에 봐도 꼭 어제 본 것 같더라고.
너도 대학원생이라 해도 믿겠네.
대학원생이나 마찬가지죠.
뭔 소리?
아직 박사 과정 중이거든요.
그래? 강의하는 건 있어?
미학 두 시간짜리요.
그래서 얼마 받는데?
백 이십 정도.
생활은 되겠구만.
선배님, 형님 아니 형!
그래 나 현재진행형이야.
한 달이 아니라 한 학기에.
뭐라? 아니 시간당 얼만데?
이만 칠 천? 팔 천?
야, 강사 대접이 아니라 알바 취급이네. 석탄을 캐냐?
시간을 파는 게 아니라 파내는 거네.
고급 인력을 이렇게 저급하게 취급하니 교육이
이 꼬락서니지. 입으론 백년지대계라고 떠들어대지만
백년짜리 대계냐? 똑바로는 못 가고 옆으로만 가니.
맨날 헛바퀴만 돌리다 결국 뺑뺑이잖아.

누가 누구 걱정 개가 게 걱정?
맨홀 속으로 빠져드는지
탄광 속으로 기어드는지
눈앞은 점점 가물가물해서
출구도 헤맬 주제에

어떻게 시간을 사는지도 모르는 채
쳇바퀴만 돌리다 늘 제자리
이름값이라는 게 있고
나잇값이라는 게 있는데
이름은 문자에 불과하고
나이는 숫자에 불과하다나
철들려면 아직 먼 나의 미래여
몸무게는 안 나가더라도
맘무게는 좀 나가야 하지 않나
혀만 굴릴 게 아니라
돈도 좀 굴려야 하지 않나
머리만 채울 게 아니라
곳간도 좀 채워야 하지 않나
아무리 지 잘난 멋에 산다하더라도……

그러곤 막장에 필름이 끊어졌다

화객(畵客)

—최북을 기리며

사람은 어찌하다 사람일까
두 눈 뜨고 못 봐줄 세상
역겹다 스스로 찔러버린 눈 하나

시절을 버렸으나
길을 돌아감만 못했네

고갯마루 서니
붓을 놀리는
바람 한 줄기
반쪽만 피어오르는 눈물 글썽

지팡이 움켜쥔
방갓에 조롱박 하나
빈 산이라 산은 없어도
숲 흐벅 물소리 흠뻑

꽃 한 송이 들기도 전에
윙크를 하시네

신안 간재미

신안 간 김에
신안 간 재미로
신안 별미를 맛보자고
그젠 민어
어젠 병어
오늘은 간재미
흑산도 홍어보다 쪼메한 걸
시금치 미나리 무산 양파에 썩썩 무쳐
식초에 비금도 천일염 팍팍
입안 깊이 날아드는 향긋함
신안 간 김에
신안 간 재미로
신안 간재미

추야

―현예에게

바람 차가워지는 가을밤
나는 방에 누워 있고
창은 문을 갖거나 소리를 갖고 있네
무슨 이유야 문짝처럼 다 들어맞겠지만
뒤에서 이빨을 부딪는 말들이란
부끄러움과 부러움과 이조차도
'끄' 하나 차이라면
그래서 위아래가 평행이라면
아하, 파란 바다가 둥둥 떠 있고
파란 하늘 역시 두둥실 떠 있고
밤바다를 멀리 보거나
밤하늘을 높이 보거나
부족한 우리에게 부족함은
모자라서 공평한 거
그래 아니랄 게 뭐 있을까
그렇다고 그렇탈 게 또 뭐 있을까
장난처럼 아님 장난감처럼
너무 여럿이 섞인 사람
그러다 파산도 하고 파토도 나고
간혹 칡과 등의 갈등이라거나
창과 칼의 모순이라거나

그리하여 생생함이란 쟁쟁함이란
나와 나의 껍질이 따로 놀 듯
아냐, 아냐 같이 놀 듯
가을 바람은 살갗을 부네
민낯을 까네

마이업

아주 오랜만에
아주 오래 끊었던 술을
잠시 입가에 대는 것은
바가지 물에 뜬 버들잎처럼
업의 본질에 관한 때문이 아니라
업의 형식에 관한 때문이리니
업의 배치와 배정 때문이리니
업의 높낮이와 깊낮이를 잴 도리도 없이
들여다볼 수 있는 한계란
뜬눈처럼 분명해
한길 마음속도 닿지 못하는 주제에
열길 과거의 업보를 더듬고 있으니
무슨 낯에 눈을 들어 별을 보겠는가
무슨 대낮에 지나간 인연을 들추며 술을 마다하겠는가

BOLTO-W 325

나는 우주의 십이분의 일에 해당하는
권역의 모든 변화 과정을 관찰하여 보고하도록
우주에 심어놓은 열두 전사 중 하나로
우주 밖에는 이리니아라는 존재가 있고
그들도 학교가 있고
방학이라는 것이 있고
방학숙제라는 것이 있는데
고등학교 2학년에 해당하는 촘토파라는 친구가
지구와 우리은하와 우리우주를
만들었다는 사실
그러니까 인간보다 월등한 존재,
그렇다면 인간은 존재에 비할 바도 아니겠지만
그런 존재가 학교에서 방학숙제로
받은 과제를 수행하기 위해
우주와 은하와 지구를 생성하고
시간을 입력한 다음 그에 따라
생명이 탄생하고 변화하는 자연적인 과정을
탐구할 수 있도록 만든 매우 창의적이고 독특한,
물론 그들에게야 물고기를 키우는 어항을
들여다보듯 흔한 실험 중 하나겠지만
그런 관찰용 창작물인 것이다

봄 여름 가을 겨울이 때에 맞춰 돌아가고
백화가 만발하고
오곡백과가 넘쳐나고
길짐승이 뛰어다니고
날짐승이 날아다니고
물짐승이 헤엄쳐 다니고
바람이 불고
구름이 떠가고
비가 오고
눈이 내리고
이 모든 것이 적절하게 배치되어
각자의 역할을 수행하는 걸 보면
나름 꽤 높은 점수를 받지 않을까 싶은데
물론 기아와 전쟁과 환경오염과 정치 같은
많은 오류가 있기는 하지만
그것까지도 자연에 맡겼으니 어쩔밖에

오늘 하루도 상큼한 출발을 위해
이른 아침부터 파도가 펄럭이며
수면에 잔뜩 내려앉은 햇빛가루를 터느라
눈부시게 뽀삭한 바다 위를
BOLTO-W 325 로고처럼 스치듯 날아오르는
하얀 갈매기 한 마리가 젠장,
지구의 바다 풍경에 빠져 방심하고 있는 사이
내게서 이런 비밀을 물고 가네

사람을 찾습니다

Moon의 門

파리 한 마리가
날아다니는 하얀 테이블
수컷과 암컷의 주검이 뒤섞인
비가학적 삶의 접경
포크와 나이프의 숨을 죽여 가며
접시의 것을 내장으로 옮기는 동안
서울은 하노이쯤 가 있을 것이고
어느 들짐승의 것이었을
가죽 의자에 몸을 맡긴 채
잠시 중력을 올려다 본다
은빛의 먼지 속에 떠다니는
색 공 입자 파동
색이 공이 됐다 공이 색이 됐다
입자가 파동이 됐다 파동이 입자가 됐다
다 진짜는 다 가짜
다 가짜도 다 가짜
한참은 공중으로 부양을 한 것 같은데
의식은 늘 근원의 언저리를 맴돌다
다시 감겨 제자리로 돌아온다
누가 연줄을 쥐고 있는 것일까
얼레를 당기는 힘은 누구의 것일까

무임승차라도 한 것 같은 어색함
시간은 여전히 목발을 절뚝거리며 지나가고
코를 스치는 빨간 향기
젊은 아가씨가 치마를 두른 반경에서
달팽이처럼 머리를 드는 짜릿한 생욕
저이는 나를 달랠 수 있을까
시원(始原)에 대한 이야기 잠시 접고
푸른 손가락 가까이 불러들여
금빛 무릎을 베고 누워
나를 건반처럼 다독일 수 있을까
흰 건반이나 검은 건반
흰 피톨이나 검은 피톨
흰 피스톨이나 검은 피스톨 사이에서
룰렛처럼 돌아가는 바다의 부르스
그러니 너무 세게 당기지는 마라
가라앉는 것은 다 앙금이 있는 법
혹 실연의 납덩어리를 안고 있더라고
크론보르의 빨간 난장이들이 희극을 보탤런지
하품과 거품이 넘쳐나는 식탁에서
쥬라기의 뼈만 남은 앙상한 잔해
프랑스풍의 구토를 위해 점잖게 일어나
공용 화장실로 들어가지만
삶은 늘 죽음의 재료가 넘쳐나게 마련
벽에 청진기를 갖다 대면
나의 사랑은 1940년대 식 로망
또 하나의 문을 만든다
전쟁의 광기와 포연 속에서

숨 가쁘게 피어나는 섹스
뜨거웠으리라
달의 문을 열고 들어가 본다
적의 정찰기처럼
파리 한 마리가
날아다니는 까만 테이블
수컷과 암컷의 탄생이 뒤섞인
가학적 죽음의 접경

유랑남녀

모차르트가 죽기 직전
마지막 오페라에 초대한
밤의 여왕이 자기 딸에게
짜라투스트라를 찔러
죽여라 부르짖듯
백사장 위로 칼바람 몰아치며
살을 에는 피리 소리를 뽑아낼 때마다
하얀 배때기를 드러내고
코브라처럼 물머리를 쳐드는
거대한 파도 앞에서
날아갈세라 찢어질세라
꼭 부둥키고 서 있는 저 남녀는
눈보라 미쳐 날뛰는 이런 날
왜 바다에 왔을까
아베 마리아의 마리아는
마린에서 왔는데
저 남녀는 어디에서 왔을까
왜 바다에 왔을까
왜 사람들은 바다로 오는 걸까
mer merè 海 marine mother
태초에 생명을 잉태했던

모태를 보러 오는 걸까
좁은 땅보다는 드넓은 바다가 좋아
고향으로 되돌아간 고래 사촌들이
궁금해 오는 걸까
매발톱으로 얼굴을
할퀴어대는 영하 25°속에서
그럼 나는?
아, 45°의 술잔 속에 갇힌 바다여
진화의 찌질함이여
삶의 먹칠이여
모태 홀로의 멍에와 굴레를 벗어나
미친 바닷가에 멋진 영화처럼 서 있는
저 아름다운 안느와 루이를 위해
저 아름다운 안느와 루이의 사랑을 위해
저 아름다운 안느와 루이의 해방을 위해
빠빠라라랍 빠빠라라랍 라라라 빠빠라라랍

나의 유랑은
오늘의 궤적에서 지우자

사랑의 문제 2

입을 맞추는데 키는 아무 문제가 없다
눈을 맞추는데 키는 아무 문제가 없다
궁합을 맞추는 데도 키는 문제가 없다
그러고 나면 사랑엔 아무 문제가 없다
그럴까?
정작 맞춰야 할 걸 맞추지 않았잖은가
입도 다물고 눈도 다물고 생각해 보라
모른다면 당신은 사랑을 해서는 안 됨

소나기 사랑

여름
오르고
또 오르고
타오르고
또 타오르고
불타올라
구름 가득
꽈악
찼다가
하늘에서
땅으로
번개처럼
천둥처럼
한바탕 뿌려지는
순간
끝났다고
끝이라고
너무나 황홀하게
너무나 황송하게

이런 미련 곰탱이

살아가면서 눈앞에 있는 것도
다 살피지 못하는 판에
없는 미련을 만들어서까지
애꾸 안대처럼 마음눈에다
붙이고 사는 걸 보면
안쓰럽거나 안타깝기는커녕
정말 미련한 게 아닌가 하는
자각이 들 때가 있다
근데 이런 자각조차도
미련이가 싸질러놓은 생각이니
얼마나 미련 곰탱이인가
이미 다 지나가 버려 잡을 수조차 없는데
아직도 과거의 길모퉁이에 서서
성성이처럼 서성이고 있는 꼴이란

실연

나의 외투가
나를 안은 적 없네
나의 가장 가까운 것이
나의 가장 먼 것이 됐네
나의 가장 따뜻한 것이
나의 가장 찬 것이 됐네
나의 옷깃조차
나를 감싼 적 없네

나는 사랑을 잃었네

툭 하면

불끈하기보다는 부끄러워하기를

톡 하면

토라지기보다는 돌아보기를

권유

헤어지잔다고 폭력이나 쓰려 하거나
죽을 것처럼 너무 속쓰려 하지 말고
상대가 끝내 돌아설 것 같지 않다면
지구를 한 바퀴 돌아서 가보는 것도
돌다보면 뭐든 제자리로 돌아오리니

하얀 밤

이 밤 하야토록
눈이 오는 건
저 하늘 어딘가
사랑 하나 서성이기 때문이리니

눈꽃을 꽂고
벙어리처럼 내게 왔다
눈꽃을 떨구며
사라져간 그대 뒷모습

이 밤 새하야토록
눈이 오는 건
저 하늘 어딘가
사랑 하나 떠돌기 때문이리니

사랑별곡

봄 가는데
가는 건 봄만이 아니데

꽃 지는데
지는 건 꽃만이 아니데

봄도 아닌 것이
꽃도 아닌 것이

봄 따라 가데
꽃 따라 지데

사람을 찾습니다 2

2014년 가을이었죠, 아마
설악산 중청 산장에 숙박 신청이 뽑혀
산꼬대기를 오르겠다고
학교까지 빼는 게 말이 되냐며
싫다고 뻐팅기는 고1짜리 아들을
나귀 끌 듯 끌고
설악산 대청봉을 오르던 중
강가에서 휴식을 취하며
아들은 할머니가 챙기신 음식을 먹으며
아빠는 어머니가 싸주신 과일을 먹으며
아들이 틀어준 김동률의 '출발'을 들으며
아빠가 틀어준 'over valley and mountain'을 들으며
뭔 농담 끝에 웃다 배꼽잡다 자지러지다
부자가 함께 강돌 위에 드러누워
새하얀 돛을 펼친 구름의 배에 몸을 싣고
또 다른 세계를 향해 막 항해를 떠나려는 참인데
무슨 끌림의 법칙일까
뒤를 돌아보는 순간
언제부터 그러고 서 계셨는지
하얀 파카 속에 카레니나처럼 파묻혀
우리를 쳐다보던 당신

당신은 흠칫 놀라며
우린 잠시 시선이 함께 머물렀죠, 아마
지금 당신의 얼굴은 잊었지만
그 고혹함은 아직도 가슴에 남아
가을을 떠도네요
그러고는 일행인가 하는 이들을 뒤따라
당신은 길 위로 올라갔고
하얀 옷 밖으로 휘늘어진 그림자가
자꾸 나뭇가지에 걸리는지
몇 번이나 뒤를 돌아보며
떠나가던 마지막 뒷모습이
8시 발 카테리니행 기차꼬리처럼
눈앞에 아른거리는 사이
우리는 봉정암에 도착해
한적한 적멸보궁에 들어
아들에게 삼배의 예를 올리게 한 다음
아빠가 절과 명상을 하는 동안
설악산을 통째 기단으로 삼고 서 있는
불뇌보탑에 올라 천하를 감상하고 있으라 했죠
그러고는 법당 맨 뒷벽에 붙어
백팔배를 한 다음
결가부좌를 하고 입정에 들었죠
한 시간쯤 지나 출정하여 눈을 뜨는데
바로 내 옆도 아니라 내 곁에서
누구라도 부부라 여길 간격에서
옷자락이라도 닿고 말 거리에서
한 여인이 하얀 백조처럼 긴 염주를 돌리며

길고 단아한 절을 올리고 있었죠, 아마
고개 돌리지 않고도 강가에서 본 카레니나였음을
아, 순간 청아한 하늘은 어디로 단박에 사라지고
안개 속에서 오방빛 번뇌가 그 자리를 채웁디다
나는 다시 눈을 감고 이 암호를
어찌 해석해야 할지 고민타
귀한 분께서 힘들여 봉정까지 올라와
기도를 드리지 않으면 아니 될 터
일심이 쪼개져서는 아니 될 터
내가 그 마구니가 돼서는 아니 될 터
조용히 일어나 법당 밖으로 나간 다음
폰카 삼매에 빠진 아들을 찾아 발길을 돌렸죠
봉정에서 소청까지 두 손으로
어둠을 파헤치며 기어서 올라가는 동안
헤드 랜턴을 장착한 아들은 태어나
처음으로 접한 칠흑 같은 산속에서
쏟아부을 듯 밤하늘 가득 흩뿌려져
반짝이는 금모랫벌 별 천지 속에서
적 진지로 침투하는 게릴라처럼
사투를 벌이는 산악전이 신이 나 앞장을 섰고
봉평장에서 대화장으로
속까지 다 들이비치는 달빛 아래
소금을 뿌린 듯이 반짝이는 메밀밭을 지나던
드팀전 장돌뱅이 얼금뱅이 허생원의 심사가 이랬을까
터벅터벅 아들 뒤따라 나귀처럼 끌려가는 마음의 발굽은
텀벙텀벙 자꾸만 돌을 빗디뎌 밤길 속으로 빠져버렸죠, 아마
산장에 도착해 잠자리에 들어서도

생각은 중청과 봉정을 몇 번이나 오르내리며
부처님 안 계신 절간을 밤새 기웃대던지
당신은 이미 오래전에 봉정을 내려왔을 터인데
나는 아직도 봉정에서 내려가지 못하고
가을산을 헤매네요

메리 크리스마스

파란 태평양 너머 벽안의 하늘
초콜릿 향긋한 바람의 물결따라
Jingle Bells Jingle Bells
Jingle all the way
울창한 가로수마다 매미들이
영어로 노래하는 징글벨 소리 들으며
시드니 거리를 걷고 있는
당신 뒤에서 갑자기 뭐지
팅커벨처럼 반짝하며 톡톡
당신의 어깨를 두드립니다
깜짝 뒤돌아보는 당신
놀라 웃음보를 터트리는 당신
금강석처럼 초신성처럼
당신은 내게 빛보다 빠른
사랑의 입자를 심어 놓았기에
나는 단박에 지구를 돌아
당신을 빛으로 옭아놓고는
피터팬처럼 깔깔깔 달아납니다
당신의 중력은 나의 궤도
내가 당신을 묶건만
내가 묶이는 사랑의 마법

꿈 같은 나의 연인이여
샬라카둘라 매직카불라
비비디 바비디 부!
썰매가 불시착으로
남극의 눈보라 속에서
입술마저 꽁꽁 얼어붙는다 해도
메리 크리스마스!
풀어 보세요 활짝
당신은 나의 선물
나는 당신의 선물

아밀라제

흰
설탕처럼
달달히
그녀와 아밀라제를
주고받는 날은
세상이 다디단 것이
꿀벌이 날아다니고
낙원문이 활짝 열리는 날

흰
마약처럼
은밀히
그녀와 아밀라제를
같이하는 날은
세상이 뽕가는 것이
천사가 날아다니고
천국문이 활짝 열리는 날

흰
엿처럼
깊숙이

그녀와 아밀라제를
밀고 빨고 당기는 날은
세상이 뒤집어지는 것이
그릇이 떨어지고
남대문이 활짝 열리는 날

바다까사랑

별도 달도 잠들어
밤 푸른 들판 지나
발빛 노란 바닷가
바위가 가려준
그늘나무 아래
마음까지 홀랑 벗은
그대랑 나랑
가락지마냥
온몸 꼬옥 끼고
은하수 개 터지듯
파도 밀렸다 쓸렸다
하나 됐다 둘이 됐다
밤새 밤땀 쏟으며
나는 하늘에서
그대는 땅에서
그대는 하늘에서
나는 땅에서

봄 내 사 랑

청옷 입은 여인을 기차에서 만났다
나는 봄내로 가는 길이었고
그녀는 평내에서 탔다
어둠에 물든 봄비를 털며
그녀가 기차 안으로 들어서는 순간
느슨했던 공기의 분위기가
일동차렷으로 바뀌었다
그녀와 나는 장승처럼 입석에 서 있었다
평행으로 곧게 뻗은 철도를 따라
노란 등불을 밝힌 밤기차는
어둠에 구멍을 뚫으며
봄비 속을 달려갔다
여인의 파란 비옷에서는
빗방울이 핏방울처럼
똑똑 떨어지고 있었다
나는 손가락을 굴려 모르스 부호를 타전했다
고1 음악 시간
선생님은 칠판에 〈자유 작곡〉이라고 쓰셨다
짝꿍은 콩나물 대가리도 제대로 모르는 대가리들이
자유를 어떻게 작곡하냐며 따지다 대가리에 딱밤을 맞았다
개구리떼가 웃고 떠드는 소란 속에서

선생님은 내가 작곡한 것을 듣고는
너는 천치 아니면 천재구나라고 말씀하셨다
그 후로 나는 좌뇌와 우뇌 사이에
백지장이 한 장 들어있는 기분으로 살았다
해독을 마친 암호를 결행하기 위해
나는 여행 동안 한 번도 쓰지 않은
수건을 배낭에서 꺼내
청옷 입은 여인에게 건네며
8월의 크리스마스 같은 미소를 지었다
깜짝 당황할까 졸았는데
살짝 놀라는 눈웃음과 함께
수건을 받아든 그녀가 얼굴의 물기를 훔쳤다
영화 속 장치가 주인공의
운명을 돋보이게 하는 역할이듯
하루에도 수많은 장치 속에서 살아가는
우리는 무엇이 운명의 장치일까
밤 8시 발 춘천행 ITX 하행열차가
가로등을 스칠 때마다 하얀 면사포를 쓴 봄비가
실뱀처럼 그녀의 얼굴을 핥고 있는 빗물이
배낭에 감금돼 있다 눈앞이 하얘진 수건이
기차가 가평에 정차하는 동안
젊은 남녀가 노래를 들으며 들어섰다
사랑의 노래는 둘 중 하나다
만나서 기쁨 헤어져서 슬픔
그중 열에 아홉은 슬픔인 것이
인류의 고통보다 새끼손가락에
티 하나 박힌 게 더 아픈
우리의 본성이 그것을 말해 준다

고통은 집중을 집중은 창조를
터널로 들어선 기차가 귀를 틀어막는 사이
봄내에 가면 저의 짧은 여행이
기린처럼 길어지는 방법이 없냐 하자
청옷 입은 여인이 하얗게 웃었다
하얀 건 금세 사라지기 마련이다
그녀와 내가 헤어질 결심을 위해
안개를 사이에 두는 날이 오지 않기를
그럼 솔로세요, 홀로세요
중학교 3학년 딸과 산다는 대답을 바라보다가
나는 그녀 입가에 찍힌 별을 발견했다
메텔을 닮은 그녀의 은하에는
어떤 히스토리가 있을지 궁금했다
기차에서 내려 한사코 수건을 세탁해서
보내드리겠다는 데 대한 선보답이라며
공지천으로 가 봄비 내리는
선상에서 술을 나누고
길바닥에 낭자하게 떨어져 죽은
하얀 벚꽃들을 불쌍히 여기다
좌뇌와 우뇌 사이의 백지장에
기록된 모르는 부호에 따르면
그녀는 그녀의 집으로 가지 않았고
나는 나의 집으로 돌아가지 않았다
내가 왜 봄내에 왔는지 그날은 잊었다
새까만 봄밤이 새하얗도록

봄날은 간다

상호존중

그거 아세요
세상은 여자가 있어 즐겁다는 거
세상은 남자가 있어 재밌다는 거

그래
여자는 사람을 즐겁게 하고
남자는 사람을 재밌게 하죠

근데
어떤 여자들은 재미로 남자를 사귀고
어떤 남자들은 즐기려 여자를 사귀죠

그러니
재미로 사귀지 말고 재밌게 사귀시고
즐기려 사귀지 말고 즐겁게 사귑시다

재밌게 삽시다
즐겁게 삽시다

동치미 국물맛

관대바위 삿갓처럼
눈에 묻힌 산방(山房)에 앉아
눈을 감고 있던 오랜 사이
귀를 두드리는 담백한 향기
결가부좌를 풀고 문을 열자
밤새 내린 눈꽃 위에
첫날밤 신부같이
알몸째 가져온 뽀얀 백치미
그대와 살을 섞는 맛
오호리 앞바다 심층수 바닷물에
무랑 폭 삭혔다 한 사발 꿀꺽
뼛속까지 하얘지는 동치미 국물맛

죽이는 사랑

세월 다 가도록
세상 끄트머리에서
이제사 만나
이녁을 향한 내 사랑은
말로도 모자라고
시간으로도 모자라네
그러니 그대여
우리 아주 이 악물고
우리 아주 심장 터지도록
죽을둥살둥 사랑하자
죽도록 사랑하자

그래
사랑하다 죽짜

사람을 찾습니다

4부

봄노래

겨울도 떠난 듯하여
높이 올라
봉우리에 앉아 보니
산은 무탈하고
나무들 다 잘 있었네
저 아래 티끌 같은 세상
바람 훅 불면
덧없어 홀로인 것 같아도
서로 함께 기대왔을 터
그거 빛 아니겠나
사실 그게 빛 아니겠나
산에 나무들 손잡고
겨울을 났으니
우리도 그러하였으니

복꽃

 －복수초(福壽草)

눈 세 번 녹도록
눈 녹으면 온다던
엄닌 아니 오고
양지벽 기대 앉아
토끼눈 빨갛도록 길바라기하다
하늘 땅 곱다랗게 포개
졸음삼매 든 올깎이
울다 함박웃음
웃다 함박울음
그래도 절살이 삼 년이라
부처님 고운 뽄으로
마음은 노랗게 물들어
얼음 사일 뚫고
봄을 오게 하시네

생명의 목적

생명이란
우주에 흩어져 있던 입자들이
지구 바닷물 속에서
전기의 작용으로 조합이 되면서
빛 소리 냄새 맛 촉(觸)과 법칙으로
구성된 외부 세계의 조건에 맞춰
시각 청각 후각 미각 촉각 생각을
갖추게 된 것이고
오랜 진화를 통해 그에 맞는
눈 귀 코 혀 살 뇌가 생겨나
보고 듣고 맡고 맛보고 접촉하고 생각하는
행위를 반복하는 활동에 지나지 않는다

생명의 목적은
이런 작동 시스템을
포기하기 아까워
대를 이어 물려주는 것에 불과하다
하지만 세상에 공짜가 어딨나
그 대가로
고통과 죽음을 치러야 하는 것이니

봄내

그냥 가긴 좀 뭐 해서
그냥 가긴 정말 좀 뭐 해서
타이밍을 좀 늦게 맞추는 탓에
가끔 차를 놓치기도 하지만
차를 놓친다고 인생이 늦어지는 것도 아니고
삶이 무슨 정점을 찍겠다며 사는 것도 아니고
그렇다고 무작정 옆으로 새겠다는 것도 아니고
그냥 가긴 정말 쪼께 뭐 해서
탈선까지는 아니라 일탈이나 이탈의
스릴 정도는 손 놓고 자전거 타는 재미 아닌가
분초를 다투며 자나깨나 애면글면 시계만 보고 사는
여유 없는 것들이 늘 입으로 종종거려 그렇지
시간도 토막만 잘 내면 자투리가 남는 법
버스나 버스 기사나 검표원이나
표를 기다리지 우릴 기다릴 턱이 있나
열차 칸처럼 늘어선 춘천 풍물시장에서
빈대떡 기똥차게 잘하는 데가 있대서
우리도 그 풍물에 끼어 노상에 상 차리고
북산집에 앉으니 기분은 산꼭대기
부처님 손바닥이든 부처님할배 발바닥이든
치마를 살랑이는 봄바람에 마음은 부풀어

꼬추주둥이와 젖뚜껑 잘 붙은
막걸리 한 주전자에 빈대떡 한 접시
지구라는 땅덩이에서 각자가 살아가는 삶을 엮어다
누군 그림을 그리고
누군 노래를 부르고
누군 글을 긁적거리며 노는 거지
산다는 게 밑천 까먹는 것도 아니고
손해 볼 건 없지만 손실을 따지는
저울질이란 저질들이나 하는 짓거리
대충 눈대중으로 때리겠다는 게 아니라
대강 하자는 게지
삶이 무슨 정점을 찍겠다며 사는 것도 아니고
그렇다고 무작정 옆으로 새겠다는 것도 아니고
제일 높은 곳에 올라야만 천국이 있는 것도 아니고
오르다 숨이 차면 쉬엄쉬엄 쉬기도 하고
바람 불면 휘청거리기도 하고
휘날리는 머리카락 쓸어넘기기도 하면서
밀어주고 끌어주고 손도 잡아주는 게지
이번 생이 처음인 우리 같은 생짜배기야
늘 초짜 소릴 듣지만
구름을 타지 않아도 기분은 늘 구름 위
기름도 들어갔겠다 이제 막 속도를 올리려는 참인데
차시간 다 됐다고 이제 가자고?
그래도 이 친구야 새로 들인 주전자는 비워야지
쭉쭉빵빵 하늘 아래 낮술은 춘삼월이 제격인기라
언제 또 작년에 왔던 각설이처럼 장터거릴 돌아다니겠나
내 금세 표를 바꿔 올 테니 잠깐 게 있게나

이 봄도 금방이라니

강원도 달래

―후배 산꾼 병서로부터

봄이면 화하게 언 속을 달래는 달래는
강원도 달래가 최고라는데
남쪽 따뜻한 데서 자란 달래는
뜨뜻미지근한 것이 맹탕이라는데
강원도 달래는 깡추위에
땅속에서 얼었다 녹았다
강철 근력을 단련한 덕에
육질이 부드럽고 시큰한 것이
끓여보면 향미가 구수한 것이
봄맛 그 자체라는데

봄따지기

—한도사 형님을 따라

정묘 오랑캐들이 다시 쳐들어왔나
삼월 강 분위기는 살얼음판
겁먹은 봄은 도하도 못한 채 여전히 작전 중
겨우내 돌굴 속에 스프링마냥 움츠려 있다
살판인 줄 알고 튀어나온 개구리들
눈판에 눈 뒤집어질 일
경칩에 눈 내리는 마당에 나갔다
얼떨결에 선배에게 낚여
7번 국도를 따라 내려간 끝에
동래 어귀에 들어서니
어라, 이 마을은 벚꽃이 눈꽃이네
머리에 붙은 눈을 털고 앉자
부산 선배 대뜸
니 참말로 꼴사납데이
곰탱이옷 좀 벗거라
벚꽃도 피었겠다 벗고 묵자
의기투합하여 우리 젊은 날 그랬듯
벗겨낸 멍게잔에 소주를 채워
팔뚝걸이 건배를 하는데
꽃향기는 백 리
술향기는 천 리
사람의 향기는 만리를 간다는데

사람으로 언 가슴
사람으로 녹이네

술

— 후배 재희에게

앞섶은 파도처럼 풀어헤치고
걸음은 구름처럼 나분거리고
머리는 예술처럼 꽁지머리라
예술가 같다니
예술은 몰라요
술이면 몰라도
그 한마디에
어찌 내가 자네를 따르나 갈라나
떨어진 걸 붙게 하고
휘어진 걸 펴게 하고
어려운 걸 쉽게 하니
주선 같은 자네랑 권커니잣거니
주성 같은 자네랑 주거니받거니
인생 뭐 있나 싶다가도
인생 뭐 있는갑 싶어서
자네 같은 벗이 있어서
삶은 이렇게 다시 한번
신이 나 회돌이를 치네

비나이다

부챤님께 맨챰 올릴라꼬
금싸라기처럼 모아둔
햅쌀 한 됫박 등에 지고
꼬부라진 무릎꼬뱅이로
꼬부랑길 오르는 할마시
모롱이 돌탑 아래 앉아
잠시 가쁜 숨 몰아쉬다
야햐, 먼 샤람들이 쌰았을꼬
돌보셕이 따로 업제
댜닥댜닥 대견도 혀라
참 대견도 해라
삼라만상 두루두루
허투루 한 건 하나 없어
하루를 나는 하루살이나
천년을 피는 우담바라나
참 대견도 한데
쪼매한 셰샹 쬬갈려
아등바등 애쓰렵기도 허다
갈 길은 가야제
엉덩이 털고 일어서다
짚주저리 모양 쌓은 돌탑 옆구리에

살포시 자개돌 하나 찔러주곤
못에다 옹이가 박힌
두 손 꼬옥 모아서는
진물에다 눈곱이 낀
두 눈 꼬옥 감아서는
부챤님, 여따 돌보셕 올린 샤람들
쟐 쟈란 베이샥멘치로
쇼원성취하시게들
비나이다
비나이다
비나이다

국물이 좋다

나이를 먹을수록
국물이 좋다

후후 불어가며
따뜻한 것이
빈 속을 데피는
국물이 좋다

후루룩 마셔가며
뜨거운 것이
언 속을 녹이는
국물이 좋다

훌훌 넘겨가며
얼큰한 것이
쓰린 속을 달래는
국물이 좋다

덤
―속초 라모 피아노 원장, 친구 귀덕에게

세상이 잠든 동안
꿈속을 떠다니는
담백한 입자를 따다
건반 위에 뿌려놓아요
어떤 손가락이 먼절까
코끝을 훔치다
손끝을 적시는
보랏빛 바람에 향기 따라
까만 건반 하얀 건반 넘나들며
두 손은 한 쌍의 춤을 추기 시작하네요
라모! 라모! 라모!
이런 박자를 놓친 것 같아
맨 뒤로 돌아와 순서를 기다리는 동안
다시 한번 운명을 골라볼 수 있을까요
두 무릎과 두 손을 가지런히 모으고
뮤즈의 신께 바친 열손가락 사이로
봄 여름 가을 겨울이 흘러가고
사랑이 흘러가고
이별이 흘러가고
강물도 흘러가고
눈물도 흘러가고

토닥토닥 기쁨과 슬픔 나누며
오늘 밤은 바이올린 위에
내일 밤은 트럼벳 위에
모레 밤은 드럼 위에 올려드릴 테니
별을 따다 악보 위에 심어드릴 테니
아무 걱정 말고, 다시 폭 잠드시길
삶은 덤이라 생각하시고

현재라 해서

나 이전에도 나는 없고
나 이후에도 나는 없다
나가 있을 필요는 없다
들와 있을 필요도 없다

먼 산

먼 산은 눈이 오려나
잿빛 구름은 두텁고
바다 쪽에서 불어오는
바람은 선선하네
새치를 뒤적일 때마다
낡은 손거울 마주하듯
함께 늙어가는 삶이여
자네랑 나는 너무 가까이 있어
내 곁에 붙어사는지
내가 곁에 붙어사는지
알 도리 없구나
이리 한데 어울려
한평생 뒹구는 사이
뼈는 점점 헐거워가고
살은 점점 헐어가고
숨은 점점 헐떡대는데
버릇은 더욱더 굳어가네
천성은 게을러
아직 달력을 넘기지 못했네
오래되다 보면
구두굽처럼 닳기도 하는 걸

나의 마음도 그렇게
닳았으면 좋겠구나
닳아서 둥글둥글
둥글리면 좋겠구나
굴려서 궁글궁글
궁글리면 좋겠구나

시선(視善)
－철학실천연구소 소장 동선 누나께

이미 안에 있거늘
밖에서 좇다
부재에 대한 경험으로
삶은 불편함에 놓이지만
그것이 진실임에도
모르는 체
알려고도 하지 않은 채
어느 정도껏 맞추는 체
그 오물에 젖은 타성을 바짝 말려서
그 발꿈치처럼 굳은 습관을 박박 벗겨서
디오게네스의 맨발이 될 수 있을까
삶에 대하여
삶의 주체인 존재에 대하여
알고 있는 것의 진위에 대하여
서로 함께 기대하며
서로 함께 기대며
진정으로 자유롭고
진정으로 만족하고
진정으로 아름다운
삶을 나누기 위해

늘
닫힌 사람들을 마음으로 열어주고
다친 사람들을 철학으로 고쳐주는
손박사님, 저의 디오게네스만 쏙 **빼고**
이것이 철학실천연구소 시선(視善)*이
가는 길이군요

---

* **철학실천연구소 시선(視善)** · 서울시 관악구 남현동 1061-18
르메이에르 강남타운2, 1012호

나이테

―친구 우석으로부터

나무의 나이테처럼
늘어가는 연륜이란
세월이 말해 주는 것이지
실력이 가늠하거나
솜씨가 가름할 수 있는 게 아니야
벽을 아름답게 바르는
오랜 화공이 견적을
머리로 내지 않고
몸으로 내는 것처럼

도반

눈 녹은 물로 씻어야
기름에 먼눈을 뜰 수 있다 하여
심봉사 지팡이처럼
허허바다 더듬고 다니던 숭어들도
심청이 인당수에 몸을 바치듯
설수를 쏟아내는 싸라기 봄강을 찾아
온 몸을 던진다는데
청맹은 어느 마중물에 눈을 뜰런가
꼭두새벽부터 이슬땀 뿌려가며
죽어라죽어라 목탁을 두드린들 괜히
곤히 잠든 산이나 깨울 뿐
한평생 오곡을 축내며
다리만 닦고 앉았으니
앉은뱅이도 웃을 일 아닌가
세월도 잃고 세상도 잃고
더 늦기 전에 가을달 등에 지고
겨울해 저물어 가는 마을로 내려가
마음밭 불씨나마 함박 나누는 거이
빚을 더는 일 아니겠는가
비우는 일 아니겠는가
⋮

밖은 여전히 눈이 오는군
차나 한 잔 하고 가게나

반만이라도

착한 사람은 되기 힘들어도
악한 사람은 되지 말아야지

좋은 사람은 되기 힘들어도
나쁜 사람은 되지 말아야지

자신에게 부끄럽지 않은 사람은 되기 힘들어도
남에게 부끄러운 사람은 되지 말아야지

미키 17777

―한도사 형으로부터

그냥 눈 뜨지마
아침에 눈 뜨면
고맙게도
다시 태어났다고 생각해
새 몸 새 맘을 받았다고
그래 늘
새롭게 시작하는 거야

봉정암 가는 길

올라 가자
열두 봉을 넘더라도
봉정암은 게 있는 거
오르막길 오르고 올라
돌산굽이 돌아서니
장마당 같은 세상 뒤로한 채
등마루 곧추세운 계곡 사이
가부좌를 튼 석승(石僧)은 미동도 않고
매대나무 물 위로 죽비를 드리워
달마가 돌아앉은 곳이 여기로구나
길상좌 항마좌 앞으로도 용맹정진할 게다
마음자리가 이 같아 세속을 비우련만
물에 씻겼을 세월 다 어디로 가고
천년만년 덧없다 청승을 떠네

쉬어 가자
열두 봉을 넘더라도
봉정암은 게 있는 거
영겁을 갈고 닦아 사리가 지천인 물에
우세스러운 발 담그고 누워 보니
새파란 하늘

사미니 머리처럼 눈물 찡해라
서천으로 떠나는 구름 한 조각
바랑 하나에 바람 벗삼아
대장부 일대사 목숨을 걸고 싶다만
한 떼기 묵은 삶조차 갈아엎기도 버거워
호미 같은 화두를 들기도 겁이 나네

어여 가자
열두 봉을 넘더라도
봉정암은 게 있는 거
쌀짐 짊어진 할마시도
염불 외며 오르는 비알 고개
깔딱 해 떨어지기 전에
절집 뜨락에 심어놓은 잣나무 곁에서
무르팍 닳은 외팔이 선승을 만나면
두 손 공손히 머리 숙여 전생의 안부를 여쭙고
적멸한 불뇌보탑 기단에 바투 앉아
마음의 칼산에 둥근 달 차오르걸랑
허허공공 목탁 소리 들으며
오늘 밤은 봉정의 부처를 뵈리라

혼 픔 1

그대여
너무 슬퍼하지 마라
그대 슬픔이
가장 슬픈 슬픔이라 하더라도
세상에 슬픔만 있는 것은 아니니
그러니 그대여
너무 오래 슬퍼하지 마라
이 땅에서 마주봤던 모든 것은
눈물을 갖게 마련이니
그러니 그대여
혼자 슬퍼하지 마라

그대여
너무 아파하지 마라
그대 아픔이
가장 아픈 아픔이라 하더라도
세상에 아픔만 있는 것은 아니니
그러니 그대여
너무 오래 아파하지 마라
이 땅에서 마주쳤던 모든 것은
이별을 갖게 마련이니

그러니 그대여
혼자 아파하지 마라

혼픔 2

그대여 어디선가
혼퍼하거나
혼파하지 마라
혹 이 말이 위로가 된다면
혹 이 말이 알 쪼께 웃퍼
웃음기라도 되살아난다면
이 말으 자슥들뿐 아니라
본관이 우주 이씨인
이시간과 이후로를
그대가 다 가져도 좋다
몽땅 다 가져가도 좋다

운명

운명을 가벼이 보지 마라
쥘 수도 없거늘
태어나 단 한 번도
달아 본 적이 없거늘

운명을 쉬이 보지 마라
원인은 작았으나
결과는 심대하리니
모든 원인이
단 하나의 결과이리니

운명을 느리 보지 마라
뒤따라오는 것 같아도
기다리고 있을 터
벼락같이 내리 덮칠 터

운명을 우스이 보지 마라
비웃고 있을지언정
웃어주지는 않을 터이니

하지만 천만다행
운명이 있는 것도 다 자네 덕

자네가 없으면 운명도 없는 것
그러니 자네를 잘 보살펴라
운명의 눈에 거슬리지 않게
운명의 눈 밖에 나지 않게
늘 자네를 착하고 선하게
그리고 어여쁘게

순둔

세 살 버릇 여든까지 간다고 그럼
여든한 살이면 버릇이 사라짐?

첨단 기술은커녕
기본적인 과학 장비도 없던 시절
조상 선배님들의 통찰력이란
정말 감탄이 절로 나오는데
아기의 뇌는 세 살까지는
뽀송뽀송한 스펀지처럼
보고 듣고 맡고 맛보고 느끼는
모든 것을 빨아들여
어른보다 더 많은
시냅스의 숲을 이루다
가지치기를 통해
자기만의 고유한, 대신
고정된 뇌를 갖게 되는데
뇌의 작동이 일종의 회로처럼
고착되는 것이다
일명 뇌의 회로화, 뇌의 고착화다
이리되면 모든 작동이
정해진 회로를 따라

자동으로 반응하는 것이라
각자의 환경과 배경에 따라
세 살 적 회로화된 성격은
죽을 때까지 바꾸기 힘든 법

십 년 토굴에
죽어라 다리를 틀고 앉아 있대서
타고난 천성이
돌부처가 되는 것도 아니고
늙으면 좀 어떨까 싶은데
것도 나이 든대서
순해지는 게 아니라
둔해지는 것일 뿐
방법은
자나깨나
불조심하듯
늘 깨어 있는 것 말고는

적정(寂靜)

그 고요를 다 알 길이 없지만
굳이 말과 맛을 빌리자면

시각도 없고
청각도 없고
후각도 없고
미각도 없고
촉각도 없고
생각도 없는

살아서 갖는 최고의 맛

도(道)

생명이 쭈글쭈글 늙어가는 걸 보면서
생명이 콜록콜록 병들어가는 걸 보면서
생명이 질질질질 죽음에 끌려가는 걸 보면서
생명이 언제까지고 나와 함께 있으리라는
착각은 말자
생명에 대해 아무리 화려한 찬사를 뿌린들
결국 모든 건 지나가 버리고
잠시 하늘거리다
땅바닥으로 떨어지게 마련인
꽃종이 같은 거
다만 죽음이 기다려주는 동안
그래? 니 주제에?
한번 해 볼 테면 해 보라고
생명이 담아준 마음을 꺼내
길을 닦듯 거울을 닦듯
닦아보는 것 말고는
길을 닦는 것은
죽음까지도 뚫고 지나갈지
곧게 앞으로 나아가보자는 것이요
거울을 닦는 것은
죽음까지도 지워버릴지

티없이 맑게 투명해보자는 것이니

이젠
우리 각자가
알아서 할 일

인생이라는 이름의 기차

인생은 한 편의 여행 같은 것이며
여행은 한 편의 인생 같은 것이다

어디론가 떠나고 싶다면 기차를 타라
가야 할 목적지가 없다 하더라도
때와 곳은 늘 있기 마련인
우리네 인생이 그러하듯
바람이 구름을 그러하듯
마법의 양탄자처럼
마술램프의 지니처럼
기차는 어디론가 그대를 실어다 주리니

창가에 앉아 스쳐 지나가는 풍경을 바라보다
무심코 내리고 싶은 곳이 그곳이라면
주저하지 말고 기차에서 내려라
지상으로 내딛는 그대의 발걸음 하나하나
자박자박 빛의 동그라미 물결을 그리리니
마음은 파란 풍선처럼 부풀어
그 가벼움에 하늘로 날아가리니
후회도 불안도 다 사라진

지금 바로 여기가
그대 여행의 목적이 되리니

기차는 자신은 벗어나지 않으면서
일상의 궤도를 벗어나고 싶어하는
우리의 기대를 저버리지 않는다
그러므로 여행을 계속하고 싶다면
언제든 다시 기차에 오르라
인생은 한 번일지라도
인생의 내용은 연속극 같아
어쩌면 속편이 있을 것 같아
꿈과 희망을 품는 것이리니
새처럼 자유로운 비상을 위해
기차의 난간을 잡고 올라오라
최선의 선택 같은 것은 없다
최선의 노력을 다하는 그것이
그곳이 최선의 선택이 될 것이니

기차가 기착지에 머물 때마다
타고 내리는 사람들로
자리는 비고 빈자리는 또 채워지는
인연의 무한한 궤도를 따라
달려가고 있는 기차의 포근함
때로는 좌석을 뒤로 늘려
머리를 기대고 눈을 감아보라
질주하는 기차 곁에
망아지처럼 착 달라붙어

박자까지 맞춰가며 돌아가는
쇠바퀴 소리는 사람의 마음을
둥글게 하는 마법이 있다
해도 달도 쇠바퀴도
둥근 까닭이리니
사람도 인연도 인생살이도
둥글둥글 굴러가자면
둥글어야 하는 것이고
함께 가자면 박자를 맞춰
함께 굴러가야 하는 것이다

새 역에 도착해 새 승객들로 자리를 채운
철마는 다시 속도를 높이느라 따가닥따가닥거리는데
힘차게 콧숨을 내뱉으며 힘을 고르느라 칙칙폭폭거리는데
차창으로 스쳐 지나가는 노을을 뒤로하며
달리는 기차에 묻는다

나의 여행은 어디쯤 가고 있는지

사람을 찾습니다 ❷

초판 1쇄 발행 2025년 6월5일
발행일 2025년 6월5일
지은이 최동훈
출판사 공간
ISBN 979-11-966265-5-6
판매가 9,800원

이책은 저작권법에 따라 보호를 받는 저작물이므로 무단전재와 복재를 금하며, 이 책 내용의 전체 또는 일부를 사용하려면 반드시 저작권자의 서면 동의를 받아야 합니다.